Helma Gerjets

Höhner
---
klatsch

Impressum:

Helma Gerjets
Höhnerklatsch
1. Auflage im Oktober 2016

ISBN:

9 783743 115019

Herausgeber V.i.S.P.

Selbstverlag Helma Gerjets
Oldenburger Straße 11
26 835 Hesel
04950 9877655
herbert.gerjets@ewetel.net

Lektorrat:

Bedankt an de Lektor!

Fotos:

Henning H. Hinrichs

Herstellung und Verlag:

Bod – Books on Demand –
Norderstedt

Copyright:

Helma Gerjets

Wat in dit Book steiht

Schlecht Geweten	6
Otto	7
In d´ Fleddernstruuk	9
Mien lütt Huus un ik	11
Waar is Gesine?	15
Spraakschwierigkeiten	17
Kleerörnung	20
In d´ Discoschüür	23
Na d' Discoschüür	28
Mien Mussi un ehr Tüdies!	31
Een besünner Gordenfest	34
Maitour	37
Wat drifft Trudi?	40
De rasend Oma	44
Farvenspeel	48
De Kräuterhex	50
Bald nun ist Weihnachtszeit	54
Neeimoodschen Kraam	57
Ruhig Wiehnachtsdaag	60
Barbaratwiegen	63
En stolten Handwarker	65

Schlecht Geweten

Jeden Dag gung Elke hen un lever de Zeitung bi ehr Fründin Malene af. Se delen sik so de Kösten. Faken dreep se denn ok up Malene ehr Katt Fritzi un ok up de Höhner. De leet se free rümlopen. „Jo", weer Malene ehr Meenung, „ ik will nich, dat de de ganze Dag in Huck oder Utloop verbringen mööt. De loopt nich weg!" Meesttieds kraben se ja ok wat bi Huus rüm, un Elke harr immer en Woort för ehr.
Man dit Maal wunner Elke sik: De Höhner lepen all anner Kant Straat. Se steeg ut ehr Auto un see: „ Tüdis, wat maakt ji denn daar? Striekt ji bi d` Navers lang? So geiht dat aver nich!" Do kemen de Köpp hoch un all Höhner kemen ankakeln: Toock, tock, tock, toock. Dat mööt in Höhnerspraak woll soveel heten at: Dat wullen wi aver nich. Dat maakt wi ok nich weer! Dat klung, at wenn se sik entschülligen wullen. Gaanz flink versammeln sik de Höhner bi Huus un fungen daar an to kraben. „Nu blieft ok hier!" kregen se noch van Elke to hören. „Daar över d` Straat fahrt Autos. De fahrt jo över. Ji mööt doch Eier leggen!"

Otto

Lisa weer düll. Nu kunn se al weer achter Otto anlopen. Dreemaal in Week kunn se hüm bi Marlene wegholen. Daar seet he denn midden manken de Damen un leet sik bewunnern. Otto weer ganz mooi van sik innomen, wenn he mit stolt erhoben Kopp daarhen treden de. He weer aver ok fein antokieken. Dat muss man hüm ja laten. Van Feerns hör Lisa hüm al: Kikeriki, kikeriki! So en kräftigen Roop harr hier in Kuntrei kieneen Hahn. Dat he aver immer frömdgahn muss! Schienbaar weer he mit sien Höhnervolk bi Huus nich tofree. De Höhner von Marlene harren ja kien Hahn. De lepen buten un begröten hüm immer mit groot Gekakel. Waarüm ok immer. Marlene harr sik daar ok al över wunnert.
Irgendwenner wurr Lisa so düll, dat se Otto dat Mietverhältnis künnigde! Se weer mit Marlene övereen komen, dat Otto bi ehr en neei Ünnerkomen finnen schull. Se wullen dat eerst utproberen, of sik dat prachtvull Deert wollföhlen würd. Wat maakde Otto do? He gung na Lisa torügg! Nu kunn Marlene Otto weerholen. He bruuk sien groten Hofstaat. De Froolüü vernarrbruken maak hüm so richtig Spaaß. Lisa un Marlene beschnacken sik weer. Lisas Höhner schullen nu ok noch ümtrecken. De grötter Stall beseet Marlene. De Hohn weer ok al ehr Egendoom. Denn kemen daar nu noch de veer Höhner to.
Daarmit weer dat Feddervolk van Marlene up teihn anwussen. Lisa kreeg regelmäßig Eier van. Nu bruuk

nümms mehr de Hahn Otto infangen. He bleev bi Huus un leet sik van sien Harem bewunnern. Otto wull sik sien Tohuus sülfst utsöken!

De Navers sünd all so nett.
Dat ist aver ja ok recht,
so as ik utseegg.

In d´ Fleddernstruuk

Avends gung Marlene nu immer hen un keek to, of ehr Höhnervolk good versörgt weer un vör allen Dingen all binnen weren. Se wull nich, dat de Kükens en Voss at Fouer denen. Twee van de Henkens seten neeierdings immer in denn Fledderbeerenstruuk in d´ Utloop un dat ok noch teemlik boven. Marlene kunn ehr ruhig ropen of mit Fouer locken. De beiden seten boven in Struuk un keken ehr frech an. Na, tööft ji man! Jo will ik woll kriegen, dach Marlene, dreih sik up Absatz üm un gung up´t Huus an. Dat düür nich lang un se keem weer, mit Bessen in Hand. Daarmit wull se de Hennkens ut de Struuk scheuchen.Se muss sik ganz moi anstrengen. Denn flattern se aver an Grund. Mehr Daag achternanner weer se mit ehr Bessen ünnerwegens to Höhner up Rick bringen. Do wurr ehr de Kopp vergrellt.Wenn se jeden Avend dat Höhnervolk daarünner jogen schull, wull se de woll wat anners wiesen, wo de Haas leep. Moorn weer Saterdag un se de ganz Dag in Huus. Denn wull se en Henn na de anner griepen, un denn wull se ehr mit groot Scheer de Flögels stutzen. Aver up en Siet bloot, dat se Schlagsiet kriegt, wenn se meent, se köönt in Boom flegen. Wat weer Marlene düll.
Annern Morgen glieks na´t Fröhstück gung dat los. De Höhner wurrden vanmorgens gar nich eerst ruutlaten. Een na de anner greep Marlene sik, gung daarmit in de lütt Vöörruum un schnipp, schnapp, schneed se en paar Zentimeter van de linke Flögel af. Denn keem de Henn in de Utloop. Wat weer daar en

Gekakel un Gedrüüs in Höhnerstall. Wenn een nich wuss, dat se hier an Höhnerflögels beschnieden weer, de kunn menen, dat bi hellerlechten Dag de Voss to Besöök weer. Toletzt weer Otto dran. De wull se ok de Flögels stutzen. He weer aver so en stolten bunten Hahn. Marlene kunn dat nich över't Hart bringen. Sien moi bunt Fedderkleed weer denn utschänd. Otto bleev nu ok ja immer bi Huus. Se wull hüm belohnen un lopenlaten un maak hüm bloot de Klapp na d' Utloop open.

Nee, oh nee, dach se so bi sik. Hier sünd soveel Pennen. Daar kunn ik glatt en Sofaküssen mit stoppen. Dat fang ik nu aver nich mehr an! Bessen her un binannerfegt! In en Plastiktuut mit en goden Knütt daarup burg Marlene de Pennen, bivöör de in de Mülltünn kemen. Nich, dat de jedes Maal hochweihen, wenn de Tünn openkeem. Nu wull se doch eerstmaal sehn, wat ehr Fedderveeh so drieven de. Se versöchten noch hochtoflattern. Kemen aver nich wiet, denn störten se af at Quax, de Bruchpilot. Se bruken bloot leern Sturzhelms. Dat kunn richtig drollig utsehn.

Marlene bruukde avends nu bloot noch Höhner fouern un Klapp dichtmaken. Kien Henn seet mehr boven in Fledderbusch. Se harr ehr wiest, well hier dat Seggen hett!

Mien lütt Huus un ik

Marlene seet maal wedder bi ehr Höhner up Bank un weer an´t sinneern. „Wat hebb ik doch al all in mien Leven beleven musst!" De Höhner kemen so as immer bi ehr ankrupen. Ok Otto un de Höhner van Lisa weren ok al so mack, dat se dicht üm ehr to seten. Se schnackden richtig mit Marlene. Dat klung fakentieds at wenn se nafragen deen. „Wat is di denn so Schlimms geböhrt?"
„Och, ji Tüdies! Eerst muss ik al ganz froh up egen Fööt stahn. Ik harr aver mien seker Anstellen bi d ´Landkreis. Daar keem jeden Maant seker Geld. Denn künnig mi de oll Vermieter de Wohnen, waar ik mien Leven lang mit mien Ollen wohnt harr. He wull daar en Eigentumswohnung van maken! Ph! Helpen kunnen mien Ollen mi nich! De weren beid uttrucken. Mien Vader mit sien jung Geliebte no Süddüütschland un mien Moder hett sik do ok en söcht! Daar wohnt se nu ok. Och Tüdies! Marlene haal en depen Sücht.
„To de Tied stunn dit Huus in´t Bladd. Nümms boot daar recht up. De Arven wullen dat aver looswesen. So hebb ik mien lütt egen veer Wannen kregen. Nu kreeg ik dat drock. Daar muss soveel in doon werden: de Footbodden uttuscht, deelwies de elektrisch Leitungen erset un Heizung weer hier ok nich in. Nichmaal en Baadstuuv geev dat. Ik hebb mi mien egen Teeknung maakt un denn bün ik daarmit na en befründten Architekt gahn. Dat gung all ganz good. Mien Vermieter hett woll rümquakt, dat ik länger in de Wohnung blieven wull. He harr nu aver ja Utsicht,

dat ik uttruck!

Ji mööt aver nich glöven, dat dat all so mitlopen is. Nee! Nee! Eerst weer nocch Urlaubstied. De Firmen harren ok ja nich up mi un mien lütt Huus luurt, also achtern anstellen. Ik harr mi ja al wiesen laten, wat ik woll sülvst maken kunn. Broch aver ok nix!

Do bün ik anfangen, de moi old Schappen, de hier instunnen, to bearbeiden. Dat weer mehr Frustarbeid. Ji glöövt aver nich, wat ik daar nahst för en Spaaß an harr! En Schapp, Stohl, en Lamp na de anner wurr van old Farv befreit un weer richtig uparbeid. Mien half Inrichtung harr ik klaar, as ennelk de Handwarkers losleggen kunnen. Do gung dat Schlag up Schlag. Wat weer ik blied! Ik hebb mi mien Footboddenbelag, Fliesen un Tapeten na de old Möbel utsöcht. Sogaar de Waterkraans in Köken un Baadstuuv passt in en old Huus. Mien old Möbel stunnen good bi mien Fründin in d´ Schüür. Ik muss ok jo noch wieder restaureeren.

So Tüdies, nu mööt ji aver up Rick! Moorn is ok noch en Dag!" De Höhner weren aver gar nich inverstohn. Se föhlen sik noch so woll bi Marlene. Berta weer al dicht an ehr rankropen un leet sik strakeln. „Willt ji noch nich rin?" „Took took, took!" Wi laat di nu doch nich alleen hier sitten, schull dat woll heten. Marlenes Höhner weren sowat van mitföhlend.

„Ja, denn vertell ik wieder: In November kunn ik denn ennelk intrecken. De Vermieter drängel al lang. De kreeg sien Geld aver ja jeden Maant! Heike fung nu ok an. De Möbels mussen ut ehr Schüür ruut. Dat wurr koller un dat Veeh muss up Stall. At eerst hebb ik denn mien moi old Möbelment in mien Huus verdeelt un denn kunn ik kieken, wat ik ut de old Wohnung noch so mitnehmen wull. En Bedd hebb ik mi neei köfft! Denn hebb ik mi en groten Container bestellt un all de old Schiet, wat mien Ollen mi laten harren, entsörgt! Nu schull mien egen Leven anfangen! Mien lütt Huus un ik – daar freu ik mi al up! Föhrjohrs wurr en mojen Vörgarden anleggt un achtern de oll Appelhoff keem mi ok van Pass. Ik föhl mi so richtig woll. Eenzig, wat vielliicht fehl, weer en, de dat mit mi delen kunn.

Up Schützenfest wurr ik denn ok prompt van so en jungen Mann ansproken. He leet mi ok wat to. Bernd heetde de un weer schett. Wi hebbt uns faker weerdrapen. Bi mi in Huus keem he ok. Jedes Maal broch he mi wat mit. Ik weer lang nich so verwehnt wurrden. Van Harten geern harr ik hüm! He klaag mi irgendwenner sien Leed. Sien Froo wull up Schlag 75000 € van hüm hebben. Wenn he dat nich betahl, wull se hüm anzeigen. Se harr woll nix tegen hüm in Hand, aver he wull ok kien Anzeig riskeeren. Na ja, ik hebb mi breetschlaan laten, no d´ Bank to gahn un en Kredit uptonehmen.

Wat hebb ik do en Glück hat, dat ik an en Bankberader geraden bün, de daar en „P" vörsett hett! He wull weten, wat ik denn mit soveel Geld wull, mien Huus harr ik doch klaar. Do hebb ik hüm dat vertellt. So, seeg he do to mi, un nu erkunnig ik mi na dissen Filou. Dat klingt mi nich ganz reell. Dien Kredit geev ik di noch nich. Holl du hüm man noch en beten hen. Kumm Fredag weer, denn weet ik mehr.

Tüdies, ji glöövt dat nich! Ik weer bold up en

Heiratsschwindler rinfallen, wenn de Bankminsch nich wesen weer! Lang hebb ik Hartsehr hat, man mien Kopp is dankbaar, dat daar nich mehr passeerd is. He hett jedenfalls ganz komisch ut d´ Wasch keken, as Gendarms hüm afführt hebbt. Ok anner Frolüü harren hüm al anzeigt.
Tüdies, nu is dat glieks düster. Nu is aver Fieravend! Rin mit jo in Stall!" Marlene dreef ehr Höhner liekut in ehr Stall, geev ehr Freten un schloot glieks af.
Höhner köönt so moi tohören.

Waar is Gesine?

Siet mehr Daag vermiss Marlene een Henn, Gesine. Se harr al överall keken. Se weer nich to finnen. Schull de weer up Stroot gahn ween? Denn mussen daar aver doch Spören achterbleben ween! Jeden Dag sögg Marlene bi Huus un ümto – nix. Do geev se dat up. Villicht weer de Voss ok daar ween un de anner Höhner harren Glück hat. Se kunn sik daar kien Riem up maken. Marlene harr aver ja de Höhner van Lisa övernohmen un ok Otto, de stolte Hahn! Daarüm stimm ehr dat nich so truurig. De Eierleggers brochen ok so noch genoog.
At sowat dree Week vergahn ween, wunner sik Marlene blooß noch. Daar spazeer Gesine mit acht lütt geel Wullknuuls över d´ Hof! Gesine harr sik irgendwaar verkropen un acht Eier utbrödd. Daar harr Marlene nu bi´n besten Willen nich mit rekent. Un de ween nüüs! Nu we se gar nich mehr düll, at se verschwunnen ween harr! De lütt Kükens mussen nu at eerst Foer kriegen. Wat kunn se de bloot geven? Maal kieken, wat de Vörraad noch so hergeev. Haferflocken? Nee, de ween to fien. De Kükens picken doch all good. Daar harr se noch wat funnen! Hafergöört! Dat weer genau dat wat se bruuk. In en Schaal mit en Blöömpott up Kopp in Midden stell se de vörn in d´ Höhnerstall. Se wull Gesine ok glieks wiesen, waar ehr Tohuus weer. En kuschelig Nüst in en Kasten, mooi week pulstert stell se daarbi. Ok en Waternapp stunn paraad. Hier we nu de Kinnerstuuv.
Otto treed wat üm de Kükens mit ehr Moder to.

Schienbaar weer he stolt up sien Familie. Jeden Moorn stunn he stolt to kreihen: kireki! De Kükens kunn man jeden Dag groien seen. Irgendwenner seeg man, dat de lütt Kükens en Kamm kregen. Dat ween veer Hennkes un veer Haantjes. Daarmit wüss Marlene ok glieks wat se to doon harr, sobold de Haantjes utwussen ween. Fiev Haahns binanner geev bloot Bieteree. Dat düür aver noch en paar Maant.

Dat lütt Feddervolk weer nu ok in de Höhnerstall ümtrucken un bruuk nich mehr extro fouert werden. Dat Otto glieks de Höhner glückelk maken de un ok noch för Kükens sörgen de, harr nümms mit rekent. Lisa bruuk ehr Fründin vernarr, dat daar ja woll Bohnensopp up stund!! Se hebbt en mooi Fest hat.

Spraakschwierigkeiten

Dat Schrammen in d´ Hals wurr al mehr. Sogaar de Stimm weer al angrepen. En vernünftigen Ton keem nich mehr ut Marlenes Mund. Dat wurr jeden Dag en beten mehr, besünners avends kunn se bolt gar nich mehr schnacken. Dönnerdaags weer dat denn ganz vörbi. Keem kien Piep mehr. Ehr Schrievdisch leep aver över. Se kunn sik dat nich leisten, in Huus to blieven. An d´ Telefon gung se nich mehr. Dat överleet se ehr Kollegin Diana. To spreken weer Marlene nich.
Nümms weer blieder, as Marlene, dat Fieravend weer. Ennelk na Huus un up Sofa!
Se kunn sik bolt nich mehr uprecht hollen. Dree Stünnen schleep Marlene in en Ratz döör. Se verfehr sik örnlik as se upwaak. De eerst Moment weer se in d´ Tied verbiestert un dach, dat se de ganz Nacht up Sofa tobrocht harr. Nu fullen ehr de Höhner in. De luren ok ja up Foor un Eier söken muss Marlene ok noch. Se raff sik up un versörg de Messkrabers.
Nu meld sik denn ok noch ehr Maag. De Hals krabb noch düchtig. En Tee much woll good doon mit Hönig daarin. Denn wull Marlene sik noch Spiegeleier braden, dat de Maag wat to doon kreeg. Se leet sik vör de Kiekkasten daal mit ehr Mahltied. Wat daar so boden wurr, kreeg se gar nich recht mit. Froh weren de Jalousien in d´ Schloopstuuv al dicht. Freedag moorn klingel up Tied de Wecker. Unruhig verbrooch se de Nacht. Se weer morgens pitsche - patschenatt schweet. En grünnelken Dusch schull ehr weer up

Benen helpen.

De halv Dag vandaag wull se arbeiten. Se bleev nich wegen jeden beten in Huus. Telefoneeren kunn Diana wieder. Dat schull woll gahn. Ehr Sprecher weer nu ganz kaputt. Aver de Akten mussen afarbeid werden, daar froog nümms na. Üm elf Ühr schick ehr Kollegin ehr na Huus: „Du quälst di hier döör de Tied. Sünd blot noch twee Stünnen bit Fieravend. Seeg du nu to, dat du in Bedd kummst, bevöör du hier ut Latschen kippst. Wat klaar mööt, maak ik noch. Noodfalls hang ik en halben Stünnen dran. Pack dien Tasch un af!"
Marlene reed ditmaal nich tegen.

Se torkel dat ganz Wekenenn tüschen Sofa un Bedd hen un her, drunk tüschenin Tee un Water. Eten bruuk se nich veel. Eenzigen, de regelmäßig wat to freten hebben mussen, weren ehr Tüdies.

Maandag moorn dusch Marlene örnlik un maak sik up Padd na de Doktor. De höör ehr grünnelk af un vertell ehr, ehr Böst weer en komplett Symphonieorchester un dat speel noch totaal scheef. Marlenes Geknüchel un dat Geschnuuf weer nich to överhören. De Doktor schreev ehr en Week krank un versörg ehr mit Penicillintabletten, denn schull se noch inhalieren mit Soltwater un Ruh, veel Ruh schull se sik günnen. Ehr Stimm muss se ja ok schonen, daarvör kreeg se noch Pastillen anroden. Denn schull dat weer werden.

In Huus ankomen reep, Marlene as eerst up Arbeid an, dat se disse Week nich mehr mit ehr reken kunnen. Doktor harr ehr buten Gefecht sett. Diana versprook ehr, avends de geel Schien ruuttoholen. Denn kunn se up Sofa blieven.

De ganz Week leeg Marlene bloot up Sofa of in Bedd. Buten Döör gung se bloot to Zeitung rinholen oder Höhner foern. Se leep, as wenn se up Eier gung un ehr Kopp föhl sik an as en Köhlschapp, so groot.

Na en langen Week murk se denn, dat se so sinnig weer up Fööt keem. Ehr Schlaapbedarf weer ok nich mehr so groot. In Halvschlaap drööm se van Akdenbargen, de na ehr na Huus kemen. Ehr Höhner flattern daar ümto un leggen daar Eier in.

Na de Droom hett Marlene lang bruukt, bit se weer bikeem. Schull se disse Week to veel Eier eten hebben? Kookt harr se anners ja nich veel. Mit en heesterg Stimm gung se Maandag weer up Arbeid. Se seeg noch düchtig klöterig ut. Richtig fit weer se noch nich. Aver dat gelt nich! Ogen to un döör!!!

De verdammte Alkohol.. Waar sünd mien Fööt?

Kleerörnung

„Wo süttst du denn ut? So nobel kennt man di ja gar nich, mit Rock, chicen Pullover un en passend Dook daarbi. Wat hest du denn vör?" Diana keek ehr Kollegin Marlene van ünnern bit boven an. „Hochhackig Schoh kenn ik ok nich bi di. Hest du nich en beten deep in de Trickkist grepen? Well wullt du daarmit becircen? De Mannlüü fleuten di ok al achteran."

„Ik mööt doch nahst mit uns Baas na de böverst Chef hen. Do hebbt se mi daar up henwesen, dat daar „standesgemäße Kleidung" wünscht is. Ik hebb ok eerst maal nafraagt. Dat heet, dat ik nich in Jeans kamen schull. Hosenanzug of Rock weer genehm. Mien Weiblichkeit schull ik ruhig wiesen, meen de Baas. Daar kunnen wi mitpunkten. Ik denk, dat ik dat nich so överdreven hebb. Mien Rock is nich to lütt un ik wull ok kien döörsichtigen Bluus antrecken. En beten höger Schoh laat denn glieks wat nobler. Ik finn dat sowieso nich good, dat wi Froolüü uns daar so anbiedern schöölt. Aver wat schall ´t. Marlene harr sik good vörbereid up dat Drapen mit de Böversten.

Nu gung dat mit de Baas tosamen in de Führungsetaage. Dat wurr en anstrengend Middageten mit anschlutend Bespreken. Eben vör Fieravend keem se weer torügg in ehr egen Schrievstuuv. „Du hest ja en roden Kopp. Kumm, ik haal di en Tee, dat du di weer beruhigen kannst."

Diana wuss, wat ehr Kollegin nu good de. „Dat weer aver ok anstrengend. Eerst stunnen de all wat rümm to schlau schnacken un en muster de anner. De reinste Fleeschbeschau. Denn gung dat an d´ Middagsdisch. Bi ´t Eten wurr ok veel beoogt un fraagt. Daar schloot de grood Diskussionsrunn an. Uns Baas un ik weren uns enig. Am leevsten harren wi uns al glieks no Middag verkrömelt. He meen nahst aver, dat ik mi nich so överkandidelt klett harr, as de anner Püppchen daar. De geizen nich mit ehr Reizen!"

Marlene stund nu up van ehr Stohl, üm sik noch en Ördner up Schrievdisch to holen. Se wunner sik. Irgendwat stimm mit ehr Rock nich. De föhl sik so wiet an. Wat weer daar passeerd? Ehr Reißverschluss weer platzt! Hopentlich harr se dat bi de Chef noch nich hat. Wo harr dat woll utsehn bi de uptakelt Tewen. De harr ehr ja bloot up Hacken sacken musst. Nich uttodenken. Se harr aver ja en langen Pullover an. Viellicht kunn se dat daarünner verdegen. Diana muss nu eerst kieken. „Nee, dien Pullover geiht daar en ganz Enn över. Nümms hett dien bloot Mors sehn!"

„Un nu? Wat do ik nu?" Marlene weer kopplos. „Du geihst na Huus un daar treckst du di üm. Denn bringst du dien Rock hen, dat daar en nejen Reißverschluss innaiht wurd. Of musst du noch waar hen?"

„Hopentlich hett mi daar nümms van de Chefs mit sehn! Dat weer de gröttste Blamaag!" Diana beruhig ehr. „Dat is nich to sehn."

Veer Week later keem in de huusintern Post en Schrieven för Marlene. Up disse groot Bespreken weer Utschau hollen wurden na en persönlichen Assistentin för de börverste Chef. Ehr wurr anboden in de Führungsetaag uptostiegen. Se harr de beste Indruck achterlaten.

Marlene wull daar nochmaal en Nacht över schlapen, aver well schleit al so en Stee un en Gehaltserhöhung ut.

In d´ Discoschüür

Lisa keem döör de openstahend Achterdöör bi Marlene in Köken. Se verjoog sik. „He, Lisa, ik weer so in mien egen Gedanken versunken, dat ik nix hört hebb! Wullst du dien Eier holen?" „Nee, dat wull ik nich unbedingt. Ik koom van´t Inkopen un hebb daar en Plakaat hangen sehn. „Ü – 40 – Disco in d´ Discoschüür" Dat weer doch so richtig wat för uns beid. Ik much woll maal weer na uns old Musik afhotten." Lisa harr sik richtig in Rage reed.. Se harr sik dat al genau utmaalt. Marlene keek ehr an. „Ü – 40 – Disco" ? Daar hört wi doch noch nich to. Veertig sünd wi noch nich!" „Nee, dat woll nich, aver daar fehlt nich veel mehr an. Un wat maakt wi? Sitt in Huus un versuurt hier! Laat uns daar man ruhig hengahn. Wenn uns dat nich gefallt, köönt wi immer noch de Segels strieken!"
Dat weer ja immer de Disco ween, waar se sik rümdreven harren. Bloot irgendwenner harren se to de Öllern hört un weren daar denn ok wegbleven. „Un ik hebb mi noch wat överleggt" schnackde Lisa wieder, „so froh is daar ja nix loos. Wi beid gaht vörher mooi eten. Wi maakt uns en mojen Avend. Waarüm schöölt wi immer in Huus sitten!" Marlenes Ogen wurrden al grötter. Lisa weer up Strüük. Se wull unbedingt up Tour! „Daar mööt ik eerst över nadenken. Dat geiht mi to flink!" „ Maak man eben en Koffie un denn sett wi uns na buten in Sünn. Dien Tüdies krabbt daar ok wat rüm" förder Lisa ehr up. Nadenkelk maak

Marlene Koffie.
Schull se dat würgelk toseggen? So van en Dag up anner? Marlene much gern wat länger planen. Bloot ehr wull ok kien Utreed infallen. Nichmaal de Utreed mit nix antotrecken kunn se bruken. In d Disco gung man ja so halferanz in Räuberzivil. „Du büst ja so ruhig wu´rrden, Marlene? Will di kien passend Utreed infallen?" „Bi´t Been kregen" dach Marlene bi sik un wurr puterrood. „Ja, nee!" antword se stotternd. „Och, du hest ja recht! Irgendwie bün ik dat „Up Tour gohn" nich mehr wehnt. Ik schull mi egentlik nich so anstellen" un drück Lisa en Beker heten Koffie in Hand.
As se daar buten nu so binanner up Bank seten, kemen ok de Höhner an to neeischieren. „Tüdies, wat meent ji? Schall ik moorn mit Lisa in d´ Disco gahn?" De Höhner keken ehr an un picken nickkoppend wieder ehr Tieken ut Grund. „Kiek, ik hebb di dat ja seggt! Dien Höhner willt dat sogaar!" Ennelk see Marlene to. Lisa kenn ehr Fründin al wat länger un so wüss se, dat se immer even bruken de, bit se sik entschluten kunn. „Denn laat uns moorn Avend doch Schollen eten gahn oder wat hollst du daarvan? Ik hebb dat vandaag in Bladd sehn. „Fischtüün" beed de an to satt eten!" „Oh, ja, is Mai. Dat is en goden Idee, Marlene. Daar mööt wi aver seker en Disch bestellen." Ok dat wurr glieks erledigt. Nu kunn de Saterdag kamen. De beid Frolüü freuen sik nu al up en mojen Disconacht.
Se beschloten, dat Marlene fahren de un eventuell ok dat Auto stahnleet. Se wullen Sönndagmoorn mitnanner hen un dat weerholen un anschließend ok

fröhstücken.

Geschniegelt un gebügelt seten se Saterdagavend bi Schollen, Kartuffeln un Salaadbüffett. Se leten sik dat so richtig goodgahn. Een üm anner Scholl leten se sik servieren. De schmucken ok doch to lecker. Tegen half elf broken de beiden denn aver up in ehr Disconacht.

In de Discoschüür weer al richtig wat loos. Un well sik daar all rümdreef. Veel de se ut ehr Discotieden kennen un lang nich sehn harren. Se wurren ok glieks mit groot Hallo begrött. Noch wurr nich veel danzt. Schnacken muss eerst doonmaakt werden. Geev veel to vertellen. En üm anner Glass gung över d´ Thresen un maak de öllerwurrden Knaken bewegelk. De Paaren funnen sik. Dat en of anner Maal wurrden de Danzpartners tuscht. Bloot Marlene un Lisa weren de sülvig Mannlüü trööibleven. Se wurrden al vertrooter mitnanner.

Tegen Moorntied geev Lisa Marlene Bescheed, dat se up Huus an wull un ehr Bekannten ehr begleiten de. Nu stund Marlene alleen daar. Se wull dat jung Glück aver nich stören un wünsch ehr en goden Heimweg.

Se harr aver ok ja en funnen. Uwe! De beiden harren de halv Nacht al mitnanner verbrocht un sik so veel to vertellen hatt. Un danzen kunn Uwe! Dat harr he nich bloot in d´ Disco leert. Uwe harr mitkregen, dat ehr Fründin sik verafscheed harr. „Wullst du ok na Huus?" „Jo, ik bestell mi glieks en Taxi. Is ja al froh genoog." antwoort se lachend. Ehr dee dat leed, man wenn se hüm interesseer, schull he sik röhren. „Ik hebb de ganz Avend alkoholfreei Beer un Cola drunken. Dröff ik di no Huus bringen?" Dat harr se ja gar nich mitkregen un se pichel sik daar so sinnig en an mit ehr Roodwien ganz Avend. Nu schaam se sik doch. „Wenn du mi Schnapsdrossel fahren wullt?" „Och, de paar Glas Wien, de du hatt hest. Du hest doch bloot daaran nippelt. Laat uns man gahn of musst du noch betahlen?" „Nee, dat is erledigt. Bloot mien Jack mööt ik noch van Garderoov hebben."

Arm in Arm maken de beiden sik up Padd na d´ Parkplatz. Dat weer so mooi kuschelig bi Uwe in Arm. Marlene föhl sik so richtig woll. Bi´t Auto ankamen, wull he ehr gar nich loslaten. Daar stunnen se nu midden up Parkplatz, de Autodöör open un weren an strikeln un knüdeln as so Söventeinjahrigen. „Stieg in, mien Leev", see Uwe un so weer he al üm´t Auto to.

„Daar binnen much ik di nich so nakomen. Ik harr Angst, dat du mi torüggwiesen deest." Uwe hullt ehr weer in Arm un streek ehr över de Wangen. „Du büst so nüüs un so leev. Ik hebb mi in di verleevt." „Och, Uwe! Mi geiht dat ok so." Lang hebbt se noch in Auto seten to schnutjen. Dat wurr al lecht, as Marlene na Huus keem.

Ehr veel nahst bestimmt en paar Stünnen Schlaap un üm tein Uhr harr se sik mit Lisa verafreed. Well wööt, wo de dat gung. Pünktlich stunn Lisa aver bi ehr up d´ Matt. „Holst du uns Brötkers? Ik hebb Schmacht as en Raav." froog Lisa glieks. „Ik hebb al Fröhstück up Disch. Denn köönt wi glieks mitnanner Koffie drinken un ok eten." „Mööt wi anners ok noch wat hebben? Eier hest du ja." Kook för nomiddags bruukde se nich kopen. Uwe un se wullen na Dangast un daar spazeeren gahn. To schnacken harren se genoog, dat harren se vergangen Nacht woll al spürt.

Marlene keem mit en groten Tuut Brötkers bi Lisa an un denn wunner se sik bloot noch. Well seet daar denn an Disch? Rolf! Man good, dat se so riekelk inköfft harr. „ Ji keent jo ja. Rolf is güstern avend oder vanmoorns hierbleven. Wi kunnen kien Enn finnen un mööi weren wi ok." „Is all good. Is doch mooi, dat ji jo verstaht. Ik hebb mi för vannamiddag mit Uwe verafreed. Wi willt denn na Dangast."

Se fröhstücken in Ruh. Lisa harr Eier kookt un ok noch allerhand anner Leckerejen up Disch. Ok Schwartbrood stunn paraat.

De Disconacht harr ehr all good gefallen.

Na d' Discoschüür

Middageten weer utfallen na dat gode Fröhstück. Marlene wunner sik immer noch över dat Tempo, wat Lisa vörleggen de, dat se un Rolf glieks över Nacht tosamen bleven.
Üm dree Ühr wull Uwe ehr afholen, se wull sik noch even in Ruh duschen. Vanmorgens weer dat bloot en Katzenwäsche wurrden. Weer doch verdammt froh wesen un utschlopen weer se ok nich. Aver singen dee se nu trotzdem ünnert Bruus. Se freu sik as en Teenie up Uwe. En Fründ harr se ok lang nich mehr hatt.
Bi Marlene flattern so richtig de Filappers in d´ Liev, as se daar so ünner de prasselnd Bruus stunn. Se rubbel sik graad af un truck sik weer an. Nu föhl se sik woll. En Teepott vull Tee schull de Rest doon. Ehr Handy meld sik, en SMS: Komme später, Feuerwehreinsatz, LKW umgekippt. Kuss Uwe! Nu weer se so richtig düll, wenn se al maal wat vörharr. Se schunk sik en Beker Tee in un leet de Höhner ruut. „Ja, Tüdies, ji hebbt Glück. Ik bliev in Huus, ji köönt buten rümkrabben. Ik sett mi bi jo up Bank. Ik harr mi so in en Keerl verkeken un wat maakt de, lett mi sitten wegen en Füürwehrinsatz...." Se reeg sik so richtig up. Marlene kunn dat nich faten.
Dat wurr halv söven as Marlenes Handy weer pingel: Ziehe mich jetzt um, komme gleich zu dir. Kuss Uwe! Marlene staun. Denn weer dat doch kien Vörwand. Se truck ehr Joggingbüx weer ut. Daar wull se Uwe doch nich mit in Empfang nehmen. Strohlend fullen se sik denn ok in Arms. „Wat weer denn loos? Ik hebb mi

Gedanken maakt. Büst du denn bit Füürwehr?" „Ja, un wenn de Pieper losgeiht, mööt ik loos." „Un wat weer nu passeerd?" „En Melktankwagen weer up de Berme kamen un de is denn wegbroken. De 200 000 Liter Melk hebbt nochmaal en Schubs nageven. Do leep denn Melk ut, de Tank weer reten, bloot noch Schrottwert. Wi mussen de Unfallstee sekern bit en tweden Tankwagen de Melk afpumpt harr. Denn muss de ok noch mit en Kraanwagen to´d Schloot ruuthievt un afschleept werden. Melk verunreinigt Schlööt aver ja nich, wenn daar anners wat inween harr, harr dat ganz mooi in Arbeid utaarten kunnt. Wi hebbt Glück hat!" „Un is de Fohrer of anners well wat passeerd?" „De Fahrer is mit en goden Schreck ut dat Führerhuus kropen un hett sülvst Hülp ropen. Anners weer nümms bedeligt."

Nu vertell Marlene hüm, dat se dacht harr, he wull ehr versetten. „Di Leev versetten? Nee, aver du kunnst dat ok ja nich weten." „Wat meenst, schall ik uns eben en Tass Tee maken un ok en Biet Brood?" „ En Tee much ik woll, aver hen to eten gaht wi beid glieks mitnanner. Wat much mien lütten Mussi denn woll?" Marlene harr Teetassen up Disch un Water in´t Susen. „Büst du di seker, ik will di ok woll Spiegeleier oder wat anners braden." „Nee, wi beiden drinkt nu Tee un denn gaht wi los."

No en gemütelk un kuschelig Binannerween broken se up na en gemütelk griechisch Restaurant. In en verstoken Eck kunnen se so richtig mit sik sülvst togang wesen. Dat Kersenlucht lücht so richtig romantisch. Wunnerbaar Eten geev dat. Uwe un

Marlene fouern sik tegensiedig. Ehr gung dat so richtig good. Se freuen sik beid, dat se sik överreden laten harren, güstern avend in de Discoschüür to gahn. Uwe harr Rolf sien Glück to verdanken.

Mien Mussi un ehr Tüdies!

De Gendarms Landmann un Siebert fohren ehr Streifentour in d´ Nachtschicht. De letzt Tied weer in disse Gegend veel inbroken wurrden un nu hullen se daar en Oog up. Prompt seegen se ok en jungen Mann, de sik an en Huusdöör to schaffen maak. „Was machen sie da? Wer sind sie?" „Ik bün Uwe un will no mien Mussi. Mien Mussi schlöppt. Psst! Mien Mussi mit ehr Tüdies!" „Und warum schließen sie dann die Tür nicht auf? Warum versuchen sie die Tür aufzubrechen? Meinen sie, daß sie das mit dem Spaten schaffen?"
De Öllern van de beid Gendarms amüseer sik över hüm. Uwe harr düchtig deep in´t Glas keken un weer richtig nüdelk in sien Aart. He schnack immer weer van sien Mussi mit ehr Tüdies. De Gendarms pingeln an de Huusdöör. Uwe wull ehr torügg hollen: „Psst! Se schlöppt doch. Mööt ji ehr denn upwoken?"
 Do gung de Döör open un vör ehr stunn en öllern upbrochten Mann: „Wat is hier denn los? Nachts üm veer rechtschopen Lüü ut Bedd klingeln un hier so en Gedrüüs to veranstalten? Dat verbitt ik mi!" „ Waar is mien Mussi? Marlene! Waar büst du?" „Schafft mi de Keerl van Hals! Hier gifft dat kien Marlene! Sowieso, dat is Hausfriedensbruch, nächtliche Ruhestörung un waar is mien Spaa? He hett mien Spaa ok noch klaut!"
„Marlene, Mussi!" De Gendarms kunnen Uwe bolt nich torüggholen. Nu verfrachten se hüm eerst in d´ Streifenwagen. „Nu roop ik mien Mussi an!" „Ja, machen sie das!" De Gendarm weer blied, dat he hüm

ruhig harr.

Sien Kolleeg settde sik mit de Huusbewohner utnanner. Schließlich weer de Huusdöör ok beschädigt un daar stunn hüm Schadensersatz to. „Dat kann he aver glöven, dat ik hüm anzeig wegen versuchten Einbruch! Un mien Spaa, waar is de? Hett he de ok noch mitnohmen?" „Kommen sie morgen auf die Wache. Da schreiben wir ganz in Ruhe die Anzeige. Die Personalien haben wir. Ich wünsche noch eine gute Nacht!" Anner Dag schull he ok woll wat ruhiger wurrden ween.

„Mussi, Marlene! Du musst mi helpen! Gendarms willt mi nich glöven, dat ik bi di komen will. Waar büst du? Ik kann di nich finnen!" „Mein Name ist Siebert. Ich bin Polizeibeamter. Wir haben ihren Freund hier. Er hat sich in der Adresse geirrt." Marlene weer ganz benaut. „Wo ist er jetzt denn?" „Im Apfelweg 7 stehen wir mit ihm. Wo wohnen sie denn?" „Ich wohne gleich um die Ecke. Ich komme und sammle den verirrten Krieger wieder ein. Dauert einen kleinen Moment."

Graad truck Marlene sik wat an un gung hen, üm Uwe aftoholen. He stund al up Straat. „Daar kummt mien Mussi! Hebb ik doch seggt, dat se hier wohnt!" Marlene muss richtig lachen. Uwe weer paddelig as so en groten Teddy. „Mussi, daar büst ja! Segg du de Gendarms, dat ik recht hebb." „Nee, nee, du büst en Straat to froh afbogen. Kumm, ik nehm di nu mit!"

Se entschüllig sik bi de Gendarms un führ Uwe denn af Richtung Huus. „Mien Mussi! Du büst so leev! Ik kunn di nich finnen." „Ja, ja! Du schlöppst nu eerst

maal dien Rausch ut un moorn seegt wi wieder."
Marlene beförder Uwe in´t Bedd un truck hüm ut.
Bloot, dat kreeg he all nich mehr mit. He nehm nu en
kompletten Busch daal mit sien Schnurken. Veel
Schlaap schall ik woll nich mehr kriegen, dach
Marlene koppschüddelnd. Aver de Kopppien hett he
sülvst, moorn.

Eet man to, denn bruukt wi in Huus kien Stück Brood mehr!!

Een besünner Gordenfest

Marlene leeg up Liegestohl ünner d´ Bökenboom. Se beluur de Vögels, de daar rüm hüpkern deen. Se drööm so recht vör sik hen.Allerhand gung ehr döör de Kopp. In veer Week wurr Uwe veertig. He wull mit sien Kumpels fieren. Familie schull denn ok noch kamen. Marlene maak sik en Kopp üm dat Gestalten van de Fier. Se maal sik dat recht lüstig ut, wenn all tomal kemen. Dat wull se hüm avends maal vörschlaan. Se kennde sien Menen to sücke Fieren noch nich.

Bit Avendbrood, Marlene harr en mojen Salaadteller maakt mit Schinken un Ei, froog se Uwe, wat he daar van hollen de, mooi buten in Tuun Geburtsdag to fieren. Se kunnen de Grill anfüren un satt Wurst un Fleesch grillen. Beer un Bowle un ok de anner Leckerejen to drinken kunn dat denn ok geven. Salaaten wull se bi de anner Gasten bestellen.

Daarmit wurr Uwes Sörg ok ut ´n Weg rüümt, dat dat to veel Arbeid weer. He schull bloot sien List upsetten, well he denn woll nögen wull. Dat geev flink en goden Liest. Aver anners harren se doch länger Besöök üm Döör hat.

Bott weer bi Marlene in Tuun ok genoog. „Aver wat is, wenn dat Weer nich mitspeelt? Waar köönt wi denn hen?" „ Bi mi ünner´t Carport kann man locker mit veertig Personen sitten.Wi schöölt aver woll ehrder Sünnenschirm upstellen möten. Hest du al maal up Wetterbericht keken?"

Graad harr Uwe sien Fründen un sien Familie nöögt.

Ok de nahst Navers drüffen se nich vergeten. De weren al stiekum an planen. Uwe schull doch wat in Tuun kriegen. Dag vör Uwes Geburtsdag stunnen de Navers mit en mannshogen Veertig ut Iesdern in Tuun. Se harren de Tahlen in lüchtend Gröön anfarvt. Ok sien Familie leet sik nich lumpen. Se graleern mit en Hart ut Dannengröön mit en orangefarvten Veertig. Dat muss natürlk begoten werden. Wenn dat van't Fieren gung, weer Uwe ok immer eerst Mann wesen. Nu wull he ok düchtig en utdoon. Uwe freu sik över all de mooi Upstellers un schunk gern en üm annner Schluck un Beer ut. Dat grode Fest düür ja noch bolt en ganzen Week.

Dat mooi Weer harr sik hollen. Uwe un Marlene harren ehr Tuun mooi dekoreert. Mit Lampions un Kersen in Weckglöös. Welk stunnen up de Dischen un welk hungen ok in de Bööm. Fackeln wiesen de Weg no de „Festwiese". En groot Grill stunnd paraat un na un na füll sik de Disch daar tegen mit Salaaten. Een seeg leckerer ut as de anner. Sogaar en Fatt Beer luur daarup, dat dat anstoken wurr van de Gastgever. No en lütten Reed nehm Uwe de Hamer to Hand un stook mit dree kräftig Schlääg dat Fatt an.

En betern Idee kunnen se gar nich hebben, as bi so mooi Sömmerweer in Tuun to fieren. Beste Stimmung herrsch överall. Jeden versörg sik mit Eten un Drinken. De Utwohl weer riekelk. Mit jeden muss Uwe anstöten. Bloot soveel wull he nich drinken, harr he sik vörnohmen. He harr stiekum ok wat vörbereid, wat Marlene nich wüss. Tegen 11 Uhr, as all mit Eten un Drinken versörgt weren, schleek he in Höhnerstall.

Daar harr Uwe wat verstoken: en wunnerboren Rosenstruuß un en lütt Paket. Uwe dreih de Musik af un reep Marlene to sik.

„Marlene, mien Mussi, kummst du hier vörn bitte even bi mi?" All Lüü keken interesserd, wat sik daar afspeel. Uwe hullt sien tweden Reed an disse Avend un disse fullt hüm doch wat stuur. „Marlene, mien Leev! Wi kennt uns woll noch nich so lang, aver wi beid hebbt nananner söken musst un uns endlich funnen!" Uwes Stimm wurr al minner. „Ik wull di frogen, of du mi heiraden wullt. Ik hebb di so leev!" He hullt ehr en wunnerbaren Ring mit en funkelnden Smaragd hen. Marlene fullt Uwe blarrend üm Hals. Ehr jo! jo! Jo! gung ünner ünner dat Klatschen van de Gasten. Mit so en besünnern Överraschung harr nümms rekent. Daar stund dat blied Paar nu to knüddeln. Marlenes Ring glitzer an ehr Finger un de groot Rosenstruuß hullt se in Arm.

Veel Ruh leten ehr Gasten ehr nich för ehr Geföhlen. All kemen to graleren. För Sekt to t´ Anstöten harr Uwe ok sörgt. He stund mooi kolt un wurr nu utschunken. Dat wurr noch en besünners langen, blieden Avend.

Maitour

Marlene un Uwe wullen en lütten Maitour mit Rad maken. De Sünn schien so mooi. Güstern avend weren se nargends na en Maiboomfier ween. In Huus weer dat so gemütelk.
Giesela un Johann wullen mit Hauke ok noch en lütten Tour maken. Hauke much gern bi sien Mama up Rad mitfahren. So kunn he so mooi in de Gegend kieken. „Kiek maal, well daar ankummt" maak Johann Giesela up Marlene un Uwe upmarksaam. „Moin! Willt ji ok up Radtour?" froog Marlene glieks. „Wi wullen so'n lütten Rundtour maken." „Ja, dat harren wi ok vör. Hauke muss ok noch frisch Luft hebben. De Sünn schient to mooi!" Johann un de beid Radfahrers weren düchtig an't schnacken. Giesela verstau noch Haukes Wickeltasch. Nu schull dat losgahn. „Giesela, wat hollst du daarvan, wenn wi vanavend mitnanner grillt. Wi hebbt doch noch dat Fleesch van Ostern in Truhe." „Jo, wat hebb ik ja sowieso al ruut kregen. Ik gah hen un nehm dat anner ok noch ut Gefriertruhe" un weg weer se.
Ünnerwegs geev dat veel to vertellen. De Mannlüü verstunnen sik good. Marlene wunner sik immer weer, wo nümmig deen Lütten togang weer. He wies hier un daar un bi en Auto gung dat glieks van „brrr". Do vertell Giesela: „Hauke kann ok al düchtig mithelpen. Spölmaschin in- un utrümen deit he mit. Besteck liggt denn woll dwars in't Schuuf. He wööt aver al good, waar dat hen mööt. Tupperpött rüümt he ok in't Schapp, woll nich richtig, aver „Übung macht den

Meister". Kann ok woll maal passeren, dat he rein Plöötz ut Schapp in Spöölmaschin packt of schidderg bi rein in. Wenn ik inkopen weer, packt he ok al de Köörv mit ut un bringt mi dat her.

Letztens weer ik an 't Utpacken, as dat an Döör pingel un de Waterunkel keem to Zähler aflesen. De sitt ünnern in d´ Kriechkeller bi uns. Daar muss ik mit. Denn hebb ik wieder utpackt. Anner Dag funn Johann mien Schoh in Backovend. Denn leeg de Fischdöös noch in´t Tupperschapp un mien Solt funn ik in d´ Baadstuuv weer. Ik twiefel an mi sülvst. Un Johann hett mi vernarrbruukt." Marlene lach luuthals. Se kunn sik so recht vörstellen, wo Giesela in´t Suus wesen harr. „Ja, bit ik en paar Daag later de Übeltäter stellen de. Hauke harr mit uprüümt. Nu bün ik bloot gespannt, waar de Tenenputz un de Handcreme upduukt." Marlene amüseer sik düchtig över de flietig lüttje Bödel. Na en Radtour van en goden Stünnen un mindestens söben of acht Maibööm in lütt un groot weren se weer torügg.

Marlene un Uwe wullen na Huus fahren. Marlene harr noch Paprika, Tomaten un Schaapskääs liggen. Dat tosamen mit en paar Oliven un Schalotten geev en mojen bunten Salaad. En Paket Braadwurst un en Krüderbrood luren ok noch in d´ Köhlkasten.

Uwe un se maken sik weer up Padd na Johann un Giesela. Daar damp de Grill al un Hauke butscher daar ok wat rüm. Sien Jan in Een harr Giesela hüm weer uttrucken. Nu kunn he sick ok beter röhren. Hauke fouer de Höhner mit Gras.

Giesela harr ok graad Tuffels wuschen, halbeert un

mit groff Solt, Öl un frisch Rosmarintwiegen würzt. Nu goren de in Backovend. Buten brutzeln al de eerst Wurst up d´ Grill. Hauke stunn daarvör un weer an schmatzen, hmm, hmm see he. Denn lütten Bödel wuss genau, wat he woll much. Mit en Stapel Tellers un Besteck, all anner Leckerejen up en groot Tablett keem Giesela ruut. Dat Krüderbrood weer upbacken un de Tuffels weren gaar. Dat verbreed en leckern Röök. De Steaks un Spieße weren ok updaut un kemen nu up de Grill.

Na en lütt Sett truck aver en aarig Röök in de Nösen. Hauke harr düchtig eten un ok de Höhner wat afgeven. De freten Wurst un ok Brood un de lecker Tuffels muchen se ok. Nu harr Hauke en gesunnen Verdauung. Giesela schnapp sik ehr lütten Stammholler: „Segg du Papa nu man „fein Nacht". Is laat genoog för di un dien lütten Pupert mööt ok reinmaakt werden. Ik bring hüm fix in sien Bedd. Johann, du musst för Drinken un Eten sörgen."

Hauke schleep flink. So kunn sik de lüstig Grillrunn noch en mojen Avend maken. Dat weer man good, dat de twede Mai en Saterdag weer. So kunnen Uwe un Johann ehr Klötern in Kopp noch wat plegen. Bloot Hauke kenn dat Woord Rücksicht noch nich.

Wat drifft Trudi?

Uwe keem van buten rin. „Ik hebb de Höhnerstall dichtmaakt, aver en Henn fehl. Trudi weer nich daar. Ik hebb noch in de Fleddernstruuk keken, of se daar inseet. Aver nix. Nich dat Vader Reinike de haalt." „De is seker wedder utreten. Denn blifft se buten. Sülfst schuld. Ik will mi daar nich mehr an argern. Du kannst Wekenenn aver viellicht de Utloop kontrolleern. Trudi hett irgendwaar en Lock funnen." Marlene wunner sik gar nich. „Waar de ruutkamen is, kann se ok weer rin!"
De beid jung Lüü maakden sik en gemütelken Avend. Anner Dag leet Marlene ehr Höhner weer ruut. Trudi weer nich weerkamen. „De mag woll ünner en Auto kamen ween. Aver Berta hett ok al maal lang weg wesen un hett mi denn en Överraschung brocht." Se gungen ehr Arbeit na.
Avends pingel dat an de Huusdöör bi Marlene. Twee Deerns stunnen daar vör. „Fehlt ihnen was?" frogen se. Marlene wuss nich, wat ehr fehlen schull. „Fehlt ihnen vielleicht ein weiß – braunes Huhn? Das lief dort hinten an der Straße. Wir wollten es fangen. Aber vor uns ist es weggelaufen." Marlene staun: „Dat is mien Trudi. De is siet güstern avend ünnerwegs. Köönt ji mi wiesen, waar de is? Denn griep ik de sülvst. Ik nehm en Kasten mit." Marlene fohr de Deerns mit Auto achteran. Se weren mit Rad ganz mooi fell.
Do seeg se ehr Tüdie. An Wall krabb se rüm un söög sik ehr Tieken un Rupen. „Trudi, putt, putt, wat

maakst du hier denn ganz? Kumm graad bi mi." Marlene seet in d´ Huuk mit utstreckt Hand. Se harr noch en Hand vull Höhnerfoor mitbrocht. Trudi nehm ehr Kopp hoch. De Stimm kenn se. „Putt, putt, Trudi, kumm, ik hebb hier lecker." Do dreih Trudi sik üm un keem liek up Marlene daal, dat se ehr griepen kunn. „Wat büst du doch en Tüdie! Rittst eenfach ut. Ik hebb mi al Sörgen maakt. Nu kummst du hier in d´ Karton un denn fohrt wi na Huus!"

„Danke, ji beid.! Klingelt man nochmaal bi mi. Denn hebb ik en Kleenigkeit för jo. Nu bring ik mien Henn eerst weer in Stall!" Se maak sik glieks up Weg na Huus. De beid Deerns klingeln denn ok anner Dag bi Marlene. Se harr för elk wat Sööts besörgt.

Bloots Trudi föhl sik nich woll, so insperrt. Immer wenn Uwe un Marlene avends van Arbeid kemen, dreef se sik buten rüm. Meesttieds haal se ehr denn al bi ´t Auto af. „Wi mööt sehn, dat de Utloop dichtkummt. Ik wööt nich, waar Trudi immer ruutkummt." raadsel Marlene. Se harr ok Bang, dat ehr Naversch weer ankeem to quaken. Weer nu woll Harvst, aver en Grund fund de seker.

Saterdag tegen Avend stund en Froo bi ehr up Hoff. Uwe schull doch bitte de doot Henn van Straat holen, bevör de noch platt fohren wurr. Uwe haal sik de groot Schüpp, do keem Naver Bernd üm d´Eck mit de groot Tuffelförk.

Daarup leeg en Henn. Ehr Trudi! Un ehr Kopp hung d´r bidaal. Se harr woll ehr letzt Sücht doon. Uwe un Bernd deen Trudi eerst in en Emmer in Höhnerstall. Uwe leggde en Deckel daar up. He kunn dat nich ankieken. Dat arm Deert. Waarüm weer se ok immer utreten. Moorn froh wull he de begroben. He muss eerst noch en Stee daarvör söken. Wat schull Marlene woll trurig ween. „Trudi is sülvst schuld. Se harr bi d´ Huus blieven schullt. Wi köönt blied wesen, dat anners nümms malöört is." Marlene seeg dat ganz nöchtern.

Sönndagmoorn gung Marlene in´t Höhnerhuus to Eier söken. An Trudi harr se noch gar nich dacht. Do hör se wat scharren. Se keek verfehrt üm sik to. Wat weer dat? Spöken dat hier? Daar weer dat weer!

De Emmer beweg sik. Marlene nehm all ehren Moot tohoop un schoof de Deckel so´n beten bisiet. Se reken mit allens. Aver wat se daar in Emmer seeg, verschloog ehr de Spraak. Daar seet Trudi! Ehr weer dat in de Emmer to eng. Marlene nehm ehr Tüdie ruut un leet ehr lopen. Se hink woll wat un truck dat en Been na. Ehr Feerkleed seeg ok ramponeert ut. Man Trudi leev! Dat weer de Hauptsaak.

Dat hett woll sowat veer Week düürt, dat Trudi so tusterg utseeg. Ehr Ei leggde se aver jeden Dag. Utreten is aver nich weer. Uwe harr dat Lock in d´ Utloop funnen. Achter de Holtbült harr de freeiheitsliebend Henn sik lang zwängt. Na Trudis Unfall bleven all Höhner nu binnen.

De rasend Oma

Glieks moorns informeer Marlene ehr Kollegin Diana, dat se middags inkopen wull: „Ik will even graat över d´ Markt. Vanavend schall dat Höhnersopp geven. Inkopen mööt ik aver bi d´ Supermarkt. Mien lütt Kokendöös is stadig güüst. Uwe is so en Schlickerfio. Nu will ik welk backen. Dat wurd mi anners to düür!" Diana weer inverstahn. Ehr Middagstied kunnen se so leggen as se wullen. Waarüm schlachst du kien van dien egen Höhner?" wull Diana weten. „Ettst du dien best Frünnen?" antwoord Marlene.

Flietig bucken se sik denn över ehr Arbeid. Af un an pingel de Klönkasten of de en of anner Kolleeg keek maal üm Eck. Dat Geburtskind Stefan ut Bürgerbüro nöög ook noch to Kook in d´ Fröhstückspaus. Donauwellen harr he mitbrocht un ok noch en Blick vull Obstkook. Mit en lecker Tass Tee reich dat al. De Kollegen harren elk en Paar Euro spendeert un en harr van de Boomschool en Goodschien haalt. Stefan weer even in sien Huus intrucken. Nu muss sien Tuun noch de letzte Schliff kriegen. Daar freu he sik düchtig to.

So wurr dat flink vierdel vör twölf un Marlene muss futtmaken. In Galopp weer se up d´ Markt un bi de Geflögelwogen. Se kööf sik en dicken Soppenhenn. Daar kunn se denn glieks twee Mahltieden mit koken. Eenmaal Höhnersopp un denn ok noch Höhnerfrikassee. Van de leckern Upschnitt nehm se ok noch wat mit. Ok dat frisch Gemüüs kööf se sik bi de Stand tegenöver. Nu bi de Backer noch dat Brood,

wat se so gern much. En Brötker för vanmiddag wull se sik ok noch günnen. Paar Eier muss se ok noch even kopen. Upstünds wullen ehr Tüdies nich so recht.
Van Ferns hör se de Klocken lüden, weer twölf Ühr. Nu noch graat na de Supermarkt. Mehl, Nöten, Zucker, Botter un Magerin muss se hebben. De Waterkist harr se nu ok noch in Huus vergeten! Wat man nich in Kopp hett, mööt man doch in de Benen hebben! Denn keem ditmaal en Sechserträger mit. En Döös Poggenstöhl fehlden noch för ehr Frikassee. Ries weer noch genoog in d´ Schapp. De Koppsalaad lach ehr so an. De hullt sik bit moorn. Mit en beten Zitronensaft weer dat wat Feins.
As se an Kass stund, weer se blied, dat se mit Kaart betohlen kunn. Ehr Knipp weer al düchtig rupft wurrden. Hier wull se denn noch glieks na de Geldautomaat hen. Marlene belaad dat Auto, broch de Inkoopswogen weg un stüür de Geldautomaat an.
Se truck sik ehr Geld un maak Platz för de nächste Froo. De weer sowat sesstig Johr old.
De muss ok eerst ehr Bankkaart ut Portemonnaie fummeln, Geheimtahl un Geldsumm ingeben. Do keem daar en Froo mit Rollator as en Furie üm de Eck to fegen. Se gung up de Froo an de Automaat loos un jogg dat Minsch so mit ehr Rollator up de Hacken. Un dat nich bloot eenmaal. As see nich glieks bisiet sprung, nehm de old Froo ehr Handstock noch daarto un hau to. Daartüschen gahn weer levensgefährlich wurden.
Marlene nehm ehr Handy un reep bit Gendarms an.

De weren ja hier üm d´ Eck stationeert. Daar keem ok al en anrönnt un de anner keem mit Auto. De Gendarm greep sik de oll Oma. Se hau immer noch wild mit ehr Handstock üm sik. De Stock keem nu as eerst bisiet. De jünger Froo blööd in´t Gesicht un hullt sik de Arm. De twede Gendarm reep gliek en Rettungswogen.

De Oma leet sik immer noch nich recht beruhigen. De Gendarms överleggden al, of se ehr in en Hab – mich – lieb – Jack packen wullen, wenn de Sanitäters daar weren. So lang kreeg se en warmen Platz in d´ Bulli, daar kunn se krakelen as se wull.

De jüngere Froo leet sik behanneln un schull ok to Röntgen mit in d´ Krankenhuus kamen. Van ehr mussen de Gendarms wenigstens eerst de Daten wöten un wo sik dat all todragen harr. Man veel kunn se ok nich vertellen. Bloot wat dat Minsch mit ehr maakt harr. Nu wullen de Rettungslüü aver mit ehr los, dat se vernünftig ünnersööcht wurr.

Immer wedder keken de Gendarms na de rasend Oma. De seet aver mack un brullend in ´t Auto, trummel an d´ Schief un reep: „Mien Rolli, mien Rolli bruuk ik!" Se harr woll noch nich begrepen, dat se dumm Tüüg maakt harr. En Gendarm wull nu ehr Utwies sehn. „De geev ik nich ruut! Denn naiht ji daar ok noch mit ut! Jo jung Lüü is doch nich to trouen!" De Gendarm leet ehr uttoben.

Marlene leeg ehr Utwies vör, vertell, wat se sehn harr un kunn denn no d´Arbeid gahn. Se kreeg sogaar en Beschienigung mit. Se kunn ja nargends wat för. En Stünnen weer se nu al över d´ Tied. Na ehr wurr seker al söcht. Na de Gendarms muss se aver nochmaal hen. Se weer de enzigst Tüüg.

In 't Büro harren se ehr tatsächlich al up de Vermisstenliest hat. En harr Angst hat, dat se en Unfall hat harr un de anner dat ehr flau wurden weer. Weren aver all blied, dat se munter un gesund weer daarweer.

Bloot de Geschicht, de se to vertellen harr, wull ehr nümms recht glöven. Man good, dat se de Beschienigung van de Gendarms harr.

Farvenspeel

Marlene weer nadenkelk. Se överleeg, wenner se Lisa dat letzte Maal sehn harr. Anners hol se immer laatestens fredaags ehr Eier af. Nu weer Diensdag un de Eier luren noch up ehr. Schull se düll up ehr wesen? Nee, dat kunn nich. Se harr ehr doch noch en Naricht schickt Middeweek. De weer ok blied un good ween.
„Hest du Lisa of Rolf de letzt Daag maal sehn?" froog se namiddags Uwe. „Jo, ik hebb ehr güstern mit Auto wegfahren sehn. Se gröten. Schnackt hebb ik aver nich mit ehr. Wieso?" Marlene vertell hüm van ehr Sörg. „Bring ehr glieks doch de Eier hen. So hest du en Böskupp un kummst nich to neeisgieren." Marlene maak sik glieks up Padd. Ehr leet dat kien Ruh. Daar stimm wat nich.
Rolf un Lisa seten bi Tee un Krintstuut. Man wo seeg Lisa ut? „Oh, Marlene, dat is ja mooi, dat du kummst. Sett di hen. Rolf hett frischen Krintstuut inköfft. Wi behelpt uns so´n beten mit Upwarms oder wat Flinks." „Lisa, wat hest du denn maakt? Du süttst ja ut!" Bi Lisa kullern glieks de Tranen över ehr Wangen. Se seeg so naar ut: beid Ogen weren bloodünnerlopen, de een Wangensiet weer ganz dick un afschüürt. „Ik bün de Trapp bi d´ Böön daalfallen. Mien Gesicht süttst du ja, mien en Arm is grön un blau. De Prellungen doot mi düchtig sehr. Ik kann bolt nich döör´t Huus lopen. Jeden Knaak deit mi enkelt sehr." „Wat hest du denn en Glück hat, dat du nix broken hest. Genick harrst du afheben kunnt!"

Rolf misch sik in." Se is half up Moors daar bi daal gahn.Du schullst ehr Mors maal sehn! De sütt ut as en Roodkohl!" Nu muss sogaar Lisa lachen. „Daar narrt he mi al de ganz Tied mit. Gesicht mit Fleckfever, Moors as en Roodkohl! Ik weer dat reinste Kunstwark, meent he." „Jo, un de Farven ännert sik stadig. Dat hest d´ anners nich." „Du kannst woll reden. Ik hebb de Pien. Wenn ik togang kaam, as so en old Oma. Aver du hest recht. Ik harr dat Genick afhebben kunnt."

För de nächst Daag versprook Marlene, dat se ehr to Middag mit versörgen wull. Se wull ehr dat denn bringen. En Köörv vull schidderg Wasch nehm se al glieks mit. Lisa muss nu eerst weer up Benen kamen. Denn kunn se ehr Wark weer sülfst doon. Un dat schull woll noch en paar Week düren, so bunt as de weer.

Marlene weer blied, dat se sik na ehr Fründin ümkeken harr un ehr so helpen kunn.

Ik seegg immer so ut

De Kräuterhex

„Giesela, wat maakst du denn?" Marlene keem up en Tass Tee vörbi. „ Hier rückt dat ja at in en Parfümerie!" Giesela fung luut an to lachen. „Ganz so schlimm is dat nich. Ik hebb mien Lavendel torüggschneden un bündel dat nu to Drögen. Maal sehn, wat ik daar all mitmaak. Wiehnachten kummt van sülvst. Na un na haal ik de anner Krüder ok rin un verarbeidt de. Daar kummt maal en Rosmarintwieg in Essig oder Öl in en mojen Buddel to verschenken. Of ik misch dat ok mit Solt." Marlene staun bloot över Giesela ehr good Ideen. Ok dat se nu in August al över Wiehnachten nadenken de. Up sückse Ideen weer se nich kamen.

Ok so lütt Mitbringsel bruukde man immer. „Ik maak van allens daarut: Mien Melissenblööd füll ik in Teebüdels. Daar kannst wunnerbaar mit baden! Dat is ganz entspannend. Ik misch aver ok Solt ut dat Tote Meer mit Lavendel, Rosenblööd, Rosmarin of Ringelblömen. Dat gifft moi Baadsolt. In moi Glöös verpackt is dat en moi Geschenk. Kannst dat Ganze Jahr Glöös sammeln un verschenkst de wedder mit wat Mois. Rosmarin, Salbei, Thymian, Oregano bind ik to lütt Strüüß un mit groff Solt kannst de in Nudelsooß oder in Auflauf doon.

Ik besörg mi ok moi boomwullen Tüüg un naih daar krüderig Küssens ut. Je nadem wat daar in is, is dat denn entspannend of ok belevend. In d´ Kleerschapp hebb ik de dat ganze Jahr." So ganz nebenbi harr Giesela ehr Lavendel bündelt un uphangen. Nu kunn dat drögen.

As eerst wull se nu en Pott vull Tee ansetten. „Minsch, Giesela, daar kannst glatt Geld mit verdenen. De kannst up Wiehnachtsmarkt moi verkopen. Daar werd sücke Klenigkeiten meest söcht." Marlene weer Füür un Flamm. „Ik will di ok woll helpen, dat vörtobereiden. Mit Hauke is dat ja nich recht wat." Giesela gung dat all to flink un se wiegel noch af. „Denk daar man över na. Du hest soveel Krüderee. Glööv mi, an twee Sönndagen na d´ Wiehnachtsmarkt un du hest dien Geschenke för dien Familie d´ruut."
Marlene wull ehr noch wieder bearbeiden. Aver se muss dat eerst in Ruh överleggen un Johann schull sien Menen daar ok noch to seggen. Weer bit Wiehnachten noch en Sett hen. „ Marlene, bitte holl daar nu van up. Ik överlegg mi dat, aver so flink scheet de Preußen nich." Nu weer denn eerst Ruh van dat Thema. Geev ok anners genoog to schnacken bi de beid jung Frolüü. Hauke verlang ok sien Recht. He wull geern wat van de Disch hebben. All wat de Groten eten un drunken, weer för hüm ok spannend.
In´t Weggahn muss Marlene Giesela aver nochmaal daarup henwiesen, dat se sik dat mit de Krüden doch överleggen schull. „Ja, ja!" antwoord se daar bloot up. De Floh harr sik aver al fastsett bi ehr. Avends vertell se Johann van Marlenes Vörschlag. He froog ehr: „Hest du denn soveel Krüden un ok Glöös un wat du anners so bruukst? Van mi ut kannst du dat doon. Denn is dat ganze Gröntüüg ok doch to wat nütz. Höhner dröffst daar ok ja nich mit fouern. Denn schmeckt de Eier daarna! Döör d´ Winter kriggst dat

wenigst daarvan."

Giesela maakde sik aver Sörgen, dat se ehr beid Leevsten in Wiehnachtstied alleen laten schull. „ Ik wööt, dat en Adventsmarkt van de Landfrauen Volkstrauertag is un en is 1. Advent. Dat is de van de Gewerbevereen. De sünd blied, wenn se Utstellers kriegt. Dat is ok doch en moi Taschengeld för di!"

Nu weer Giesela an Tour: De ganze Laatsömmer weer se an Krüder drögen un verarbeiden. Överall harr se sik moi Glöös herbedelt. Haukes beid Omas harren noch welk stahn un ok moi Buddels kreeg se. In ehr egen Flickenkist fund sik noch allerhand an Boomwulltügg an. Ok de Omas geven weer wat to. Giesela plünner sogaar de Vörgorden van Marlene. De harr dat aver sülvst schuld! Se harr ehr dat ja anschüünt. Dat rook toletzt in ehr Afstellruum as in en Hexenköken. Körbenwies stunnen daar eerst bloot de Buddels un de Glöös. Na un na gesellen sik daar ok Solt un Öl to. De Krüder wurden luftig uphangen upbewohrt.

Af Enn Oktober stunn Giesela nu in jeder freeien Minut in ehr Hexenköken un verarbeid ehr Todaten. Tüschenin seet se denn noch an Naihmaschin, naih lütt Küssens in Hart- un Sternenförm. Deelwies keem daar noch en Uphangerband ut en mojen Schleif an. Wat leet dat doch moi. De befüllen un de Glöös vullmaken, schull Marlene mit. Överall keem en mojen Upklever up, wat daar in weer. De harr Johann up Computer torecht maakt. Dat seeg richtig fein ut.

Pünktlich to de 1. Utstellen weren al Krüder verpackt un Giesela un Marlene dekoreeren ehr Disch in de

Utstellungsruum. Se harren sogaar von Johann noch en grötter Schild kregen, wat se bi ehr Stand upstellen kunnen, dat se jo nich översehn wurrden. Daar stund up: „Krüderhex". Giesela un Marlene harren veel Spaaß an ehr eersten Wiehnachtsmarkt. Verkopen deen se düchtig. Se harren anschienend en Marktlücke entdeckt. Avends gungen se rechtschopen mööi, aver tofree up´t Huus an.

De token Week wullen se noch maal weer no de anner Markt. Nu wunnern sik de beid jung Frolüü aver düchtig. Daar kemen doch würgelk Kunden, de verleden Week al köfft harren weer, un leggen sik en lütten Vörraad mit Waren ut Gieselas Hexenköken an. Froh weer ehr Stand utverköfft. Harren se dat wusst, harren se noch mehr vörbereid. Nu weren se schlauer. Token Johr schull ok noch weer Wiehnachten werden. Denn wull Giesela noch mehr Krüderee anplanten!

Bald nun ist Weihnachtszeit

„Bald nun ist Weihnachtszeit, fröhliche Zeit und der Weihnachtsmann ist gar nicht mehr weit." Lisa sung Wiehnachtsleder för sik hen. Se harr sik vanavend an 't Dekoreeren maakt. Rolf harr sien Wiehnachtsfier mit sien Arbeidskollegen. Lisa drüff hüm un sien Kolleeg nahst noch afholen.

Se harr de mooi Schwibbögen in ehr Stuvenfenster stellt. De lütt Engelschor sung up Bökerregaal. Tomtes beseet se ok dree Stück, de flietig Hülp ut Schweden. Lisa gefullt am besten de natürlich Deko.

All wat so överdreven bunt weer, gefullt ehr gar nich. För de Stuuv harr se ok al en mojen Adventskranz torecht maakt, ganz traditionell mit dick rood Kersen un rood Schleifen. De leeg up en groten Ständer. Nu wull se ok noch en Gesteck för de Disch maken, en mojen hellern Keers seet al up de Steckmasse. Nu noch de verscheden Sorten Gröön daar insteken un mit en golden Schleif, en paar Nöten, lütt rood Appels un en poor lütt Kugels verzieren. Dat moiste Gesteck weer aver dat eenfachste: een mojen rustikalen Teller mit en dicken Keers un rundümto Nöten. In Flur stunnen up Schapp nu ok de mooi Matrioschkas un in Eck de groot Bodenvaas mit Dannentacken un Strohsteerns.

Nu wurr dat ok Tied, dat se ehr Leevsten van sien Wiehnachtsfier afhaal. As Rolf in Huus keem, staun he bloot noch. „Oh, Tüdel, wat hest du dat hier mooi maakt! Ik hebb ok noch Wiehnachtsdeko mitbrocht.

Hest du ok in de Karton keken?" Keken harr Lisa ja woll. Aver dat pass so gar nich bi ehr mojen Kraam. Dat wull se Rolf nich so direkt vör de Kopp hauen. „Dat is nu al laat genoog. Wi maakt moorn wieder." Rolf harr sik ok al en lütten Glimmer mitbrocht. „Wi gaht nu eerst in´t Bedd. Ik gah al glieks in´t Baadzimmer." Rolf hullt sik nu ok nich mehr up.
Anner Moorn wurr Rolf al up Tied henschickt to Brötkers holen. Lisa breuhde Koffie up un settde al Eierwater up. Güstern harr se eerst weer Eier van Marlene ehr flietig Tüdies holt.
Lisa un Rolf maken sik dat so richtig gemütelk bi ehr Fröhstück.„Hier hest du ja noch gar nix in´t Fenster. In mien Karton is en ganz mojen Steern, de lücht ganz mooi bunt. Van binnen na buten un van buten na binnen. De wesselt ok noch immer sien Farven." Rolf weer so begeistert van sien Steern. „Rolf, du meenst doch nich würgelk, dat ik so en Ding hier uphang. Weetst du, wo ik de Dinger nööm? Puffsteerns! Un de will ik hier nich hebben."
Nu weer aver en Mann up Schlips pett. As so en beleidigt Kind schoof Rolf de Ünnerlipp vör. Lisa muss richtig lachen, as he de Kopp so upstook. „Wi köönt glieks ja nochmaal in dien Wiehnachtskist kieken. Viellicht find wi ja noch wat Moois.
Glieks na ´t Fröhstück keem de Kist eerst up Disch. Un wat keem daar to´n Vörschien? Nötenknackers, Rökermantjes un ok de bunt Steern. Lisa keek sik dat Ding koppschüttelnd an. Se stook de Steker in. „Kiek di de doch even an. Daar werd de Navers doch bang. Of de kaamt un fraagt, of ik wat nebenbi verdenen

will." „Denn hang ik de in dien ollen Höhnerstall up!" „Nix! De bring man glieks in de groot schwart Tünn!" „ Nee, ik hebb en betern Idee!" hullt se hüm torügg. „Wi hebbt doch Schrottwichteln bit Arbeit. Dat is wat, wat ik mitnehmen kann." Lisa weer tomaal Füür un Flamm. So kunn dat fürchterlich Ding nochmaal en ganz neei Bestimmung kriegen. „Ja, in Gottes Namen! Nehm de mit! Du wullt de mooi Steern ja nich. Denn schallst man sehn, wo annern sik daaröver freut! Aver de Rökermantjes un de Nötenknackers blievt. Ik hebb aver noch mehr bi mien Ollen. Daar is noch mojen ollen Wiehnachtsschmuck un ok en groten Krüpp."
„Willt wi nahst even hen to kieken?" Lisa much so geern ollen Schmuck. Dat, wat se nich lieden much of kitschig weer, kunnen se ja glieks daarlaten.
So weren de beid weer versöhnt, ok wenn de Puffstern en anner Bestimmung kreeg.

Krieg ik Nummer 10???
….
Ik will Nummer 10 hebben.

Uns Advents-Kalenner hangt !

Wat schöölt de neei Moden!

Neeimoodschen Kraam

„Hest dat lesen in´t Blatt? Daar kannst en Wiehnachtsboom leasen. Dat köst di denn för en twee Meter hogen Boom achtzig Euro. De Lüü werd all verrückter. Disse düür Bööm kriggst du denn Dag för heilig Dag in Huus levert. De hollst du aver bloot bit en of twee Daag na Wiehnachten. Denn haalt de Görner de weer af un plant de weer in. Man kann sik doch veel billiger sülvst en Wiehnachtsboom mit Wuddel kopen un de na Wiehnachten ruutplanten."
Uwe reeg sik düchtig över dissen neeimodschen Schietkraam up. „Nu kumm man weer rünner. Ik hebb al siet mehr Jahren en Wiehnachtsboom mit Wuddel. Laat uns doch maal in d´ Tuun kieken. Daar staan mehr Dannenbööm. Fichten un ok Nordmanndannen."
Marlene armüseer sik. Se wull hüm noch wat zappeln laten. „Ja, dat weet ik doch. Bloot, wat wullt du mi seggen?" Uwe harr daar wat in d´ Luur. He kenn sien Leevste. De stevige, junge Mann greep ehr un schoof ehr ut de Döör ruut. „So, un nu seggst du mi, wat dat mit disse Dannenbööm up sik hett! Irgendwat hest du doch vör. Ik kenn di! Nu kummst du mi hier nich eerder weg, bit ik dat weet!" Wenn dat nich so kolt un regensch wesen harr, harr Marlene Uwe noch länger up Nöös rümdanzt.
„Nu laat mi man los. Ik vertell di dat." Se zappel wat rüm in sien stark Arms. „Luur to: Ik bün hier al maal kieken ween. Wi bruukt uns dit Johr kien Boom

kopen. Hier is noch woll en bi. Denn dröfft de noch Maal in Stuuv. Wi köönt ja kieken, of wi hüm afsagen mööt, of de Wuddel in en Pott passt. Denn kann dat aver nich stadig so warm ween in Stuuv. Denn kriggt wi hüm nich weer togang." „Du hest al en Wiehnachtsboom utsööcht? Uns eersten Wiehnachtsbooom, de wi mitnanner hebbt, schall en gebruukten ween?" Nu pluster Uwe sik up as Marlenes Hahn.

„Oh, oh, hebb ik di in dien Stolt versehrt? Bloot wiel ik bi mi in Tuun keken hebb un wiel ik Geld sparen wull? Minsch, Uwe! Överlegg doch! Wat schöölt wi uns en düren Boom kopen, wenn wi en hebbt. Ik hebb butendem kien utsöcht. Ik harr dat noch an di seggt. Kiek di de doch maal in Ruh an. Denn kummst du to dat sülvig Ergevnis." Marlene wunner sik bloot över Uwe. „Ja, denn laat uns nu mitnanner kieken. Dat sünd ja würgelk mooi Bööm. So groot sünd disse letzten ok noch nich. Wat meenst, dissen Boom is sowat twee Meter, is en weken Nordmanndann un ik kann ja maal kieken of ik de in en Kübel krieg. Anners köönt wi de ja immer noch afsagen. Wat meenst du?"

Uwe harr genau de sülvig Boom utkeken as se sülvst. Denn wull Marlene hüm dat Geföhl laten, dat he de Idee hatt harr. „Jo, dat is en mojen Boom un denn kriegt wi dit Jahr en Recyclingboom in d´ Stuuv. Ganz egaal of he afsaagt wurd of sien Wuddels hollt. De hett up jeden Fall kien achtzig Euro köst. Token Johr köönt wi denn ja weer kieken, wo disse Bööm sik maakt hebbt. Anners koopt wi uns en mojen lütten

Dannenboom mit Wuddel un köönt de ok weer twee Johr un mehr in Stuuv stellen. Wi recycelt uns Wiehnachtsbööm noodfalls as Brennholt!"
Leasingwiehnachtsbööm – mit so en neeimoodschen Schietkraam harren se nix an d´ Hood.

Ruhig Wiehnachtsdaag

Man murk, dat dat Wiehnachten werden schull. Twee Daag vör de Heilig Avend ween Traute un Rieko noch flietig an Stroot fegen. Ehr Mannlüü harren de letzt Blööd binanner. Se harren bit nu up Schneei hoopt, de harr Froo Holle aver nich schickt.
Daar keem Marlene över to: „Wat sünd ji flietig." „Schall ja all wat schier wesen to de Fierdaag. Wi hebbt dit Jahr ja glieks veer achter nanner weg: Heilig Dag, 1. un 2. Wiehnachtsdag un denn ok noch de Sönndag." Traute tell all de Daag up. „Jo, un denn geiht de Kookmarathon weer los!" stöhn Rieko. „Daar hebb ik ik Glück mit. Dit Jahr will mien Familie mi verwehnen." vertell Traute blied.
„Dat kannst du uns binnen vertellen. Ik hebb dat Fegen doon un geev noch even en Grog ut. Willt wi de Mannlüü dat ok seggen?" froog Rieko schalksk. Traute kunn nich good mit ankieken, dat ehr Kemal wiederarbeiten de, wenn se en Paus inleeg. „Segg ehr lever Bescheed. Du wullt to Wiehnachten doch nich mehr meutern. Segg du Uwe ok man Bescheed un bring dien Auto na Huus. Sünd ja man en paar Tree." Traute maak sik ok noch Sörgen üm Marlenes Führerschien. Bi Rieko geev dat immer good Rum in´t Glas.
As all sess ehr Grog vör sik stahn harren, förder Rieko Traute up, to vertellen, waarüm se freei van d´ Koken weer. Stolt vertell Traute: „Dit Johr will mi mien Familie verwehnen. Ik drööf up Sofa, mit Sara spelen un mi verhalen. Heilig Avend gifft dat Tuffelsalaad un

Wursten, de willt Martin un Michael maken. Tuffels kook ik ehr vör. Ik laat de tofree. 1. Wiehnachtsdag will Kemal Lammfleesch maken mit Aprikosen, bunten Salaad un Ries. Nadisch hett he ok versproken: Fiegencreme. 2. Wiehnachtsdag will Lukas denn Hähnchen mit Pommes in Backovend maken. Fröhstück hett he uns ok toseggt mit Brötkers. Sönndags wullen mien Mannlüü denn Pizza backen. Se menen, denn harr dat genoog good Eten geven.

„Oh, Traute! Laat di daar nich up in! Denn steihst du de ganze Fierdaag bloot to Köken schummeln. Ik hebb dat eenmaal doon as uns Deerns so halfwussen weren. Sien Leev nich weer! Ik hebb daar mehr Arbeid mit hatt, as wenn ik mien egen Wark doon harr. Stadig muss ik na ehr kieken un dit mit anpacken un dat kunnen se nich finnen. Afwasch harr ik mehr as düppelt soveel. Kleit hebbt de! Ik hebb up Wiehnachten noch stahn to Köken feideln. Dat bruuk ik nich nochmaal. Wiehnachten will ik nich ok noch rein maken." Richtig heverg weer Rieko wurrden. „Maak mi kien Angst! Wenn de de Köken nich schier verlaat, gifft dat Wind van vörn. Daar hebb ik aver kien Sörg bi. Kemal is mien groten Uprümer. Bi de mööt ik al immer uppassen, dat he nix wegschmitt, wat ik noch bruuk."

Marlene amüseer sik över de beid Moders. Se wüss woll, dat se sülfst wat koken muss, wenn se wat eten wullen. De Mannlüü harren anner Bohnen up Böön: „Dat stufft hier so. Gifft dat noch wat to drinken?" stänker Fidi. Na en tweden Runn Grog broken se denn up. Anners bleev bit Wiehnachten doch noch Arbeid

liggen.
Blied marscheern all up ehr Tohuus an un freuen sik up en paar ruhig Fierdaag.

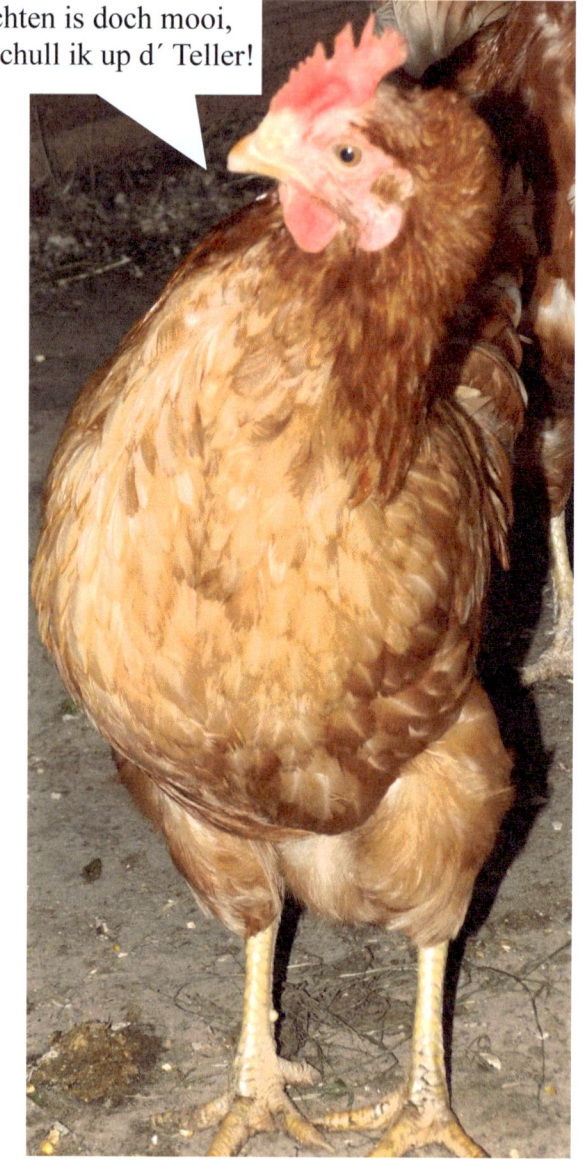

Barbaratwiegen

An de twede Wiehnachtsdag pingel dat bi Lisa un Rolf an de Huusdöör. Marlene un Uwe wullen noch even Wiehnachtsboom bekieken. De letzte Daag harren se bloot van wieden sehn, wenn Lucht weer of dat Auto ünnerwegs gung. De veer weren sik enig, Wiehnachten weer doch Stress. Na beid Öllern schull dat gahn un denn weren daar ok ja noch Oma un Opa, de luren. Wo schull dat eerst werden, wenn se Kinner harren. Denn mussen se sik wat infallen laten.
Do full Marlene in Stuuv en bleuhend Blömenstruuß up. „Wat hest du daar denn in Vaas stahn?" „Meenst du mien Barbaratwiegen? Keenst du de nich?" froog Lisa. „Daar hett Rolf sik aver nich veel Müh geven. De harrst du ok beter binden laten kunnt un wenigstens en paar bleuhend Rosen of en anner Bleut mit inbinden laten kunnt" narr Uwe Rolf. Lisa lach. „Dat sünd Tacken, de ik mi in Tuun plückt hebb un dat an en bestimmt Datum: de 4. Dezember. Dat is de Barbaradag. Wenn man sik denn Twiegen van Forsythien, Mandel- oder Kirschbööm rinholt, bleuht de bit Heilig Avend up. Mien Struuß is doch en Pracht, of meent ji nich?"
„De lett fein. Is üm disse Tied bloot wat besünners. Aver van Barbaratwiegen hebb ik noch sien Leev nix hört. Is dat ok so en neeimodschen Kraam as Halloween, wat van Amerika röverschwappt is?" Marlene weer immer noch in Twiefel. Do klär Lisa ehr up: „De 4. Dezember is de Dag van de heilige Barbara. De Legend na leev de riek Koopmannsdeern

300 Jahr n. Chr. in Izmit in de Türkei. Tegen de Will van ehr Vader wessel se na dat Christendoom. Daarmit harr se sik ehr egen Doodsurdeel schreven. Up de Weg in de Kerker fung sik en Kirschentack in ehr Kleed. Se stell de Tack in ′t Water. En Wunner: Midden in de düstern Knast wurrden ut Knospen Bleuhten – un dat an de Dag, as se starven schull. De letzt Woorden van Barbara schöölt ween hebben: Du seegst ut as doot. Nu büst du upbleuht to en mojer Leven. Ik schall ok no mien Dood to en neei ewig Leven upbleuhen."

„Dat is ja romantisch!" Marlene gefullt de Legend üm de Twiegen good. „Un de bleuht immer Heilig Avend?" Marlene kunn dat gar nich recht glöven. „Jo, immer so üm de Tied!" bestätig Lisa. „Token Jahr gifft dat bi uns ok Barbaratwiegen. Dat schriev ik mi glieks in mien nejen Kalenner.

De veer makden sik noch en gemütelken Avend. Ünner de, mit rood un golden schmückten Wiehnachtsboom. Silvester wullen se sik dat bi Marlene un Uwe gemütelk maken, wenn se van en good Eten ut Kroog weer daar weren.

En stolten Handwarker

En gemütelken Sönndag weer dat wesen. De ganz Familie harr ehr to Tee un Neeijohrskoken besöcht. Ok de een of anner Grog of Glühwien weer drunken wurrden. Nu stund bloot noch dat schidderg Plöötz un de Glöös up Disch un luren, dat se afwuschen wurrden.
Lisa rüüm dat in de Spöölmaschien, Tabs daarto un denn schull dat losgahn. Aver wat weer dat? Daar keem nix. Ehr Spöölmaschien harr de Geist upgeven. Un nu? De weer bit an an Ohren vull! Viellicht harr sik ok bloot dat Programm uphangen. Steker ruut, bit teihn tellen un van nejen weer. Nee, keem nix. Lisa stund fluchend vör ehr Kökenhülp.
„Wat hest du denn?" Rolf harr ehr schellen hört.
„Mien Minna hett ehr Geist upgeven! Wi mööt van Hand afwaschen un dat de ganz Afwasch van güstern un vandaag. Un denn mööt wi sehn, dat de repareert wurd."
„Waar is de Waarktüügkast? Daar kiek ik nu eerst no." Rolf wull al glieks losleggen. Aver mit sien Grogglimmer wull Lisa hüm daar nich bihebben. „Nu wurd mi dat to laat. Wi gaht nu al bolt in´t Nüst. Is ok Sönndag. Moorn bi Dag seegt wi wieder." Lisa wull ehr Leevsten ja ok nich seggen, dat se hüm daar so nich bihebben wull.
An de anner Daag up Arbeid klaag se ehr Leed. „Lisa, ik hebb en Idee. Bi mien Moder hett letztens ok en wesen to Spöölmaschien repareern. Schall ik maal anropen un na de Telefonnummer fragen? Mama prahl

daar düchtig up." Ehr Lehrdeern stund glieks to Hülp. Jo, dat weer en goden Idee. Dürr man so eben, do kreeg Lisa en Telefonnummer van en Elektriker, de süske Saken repareeren kunn. Se pingel daar glieks an un höör en sympathischen Stimm: „Jo, ik kann woll herkamen un mi de Minna ankieken. Wenner is dat denn recht?" Lisa bestell hüm tegen half fiev. Denn kunn se ehr Minna noch gau utpacken, wenn se Fieravend harr.

En frünnelken öllern Mann pingel pünktlich bi ehr an de Döör. He maak sik över ehr Spöölmaschin her. „Dat is en richtig Schätzchen. Daar lett sik wat mit anfangen!" Dat dürr gar nich so lang un dat seeg ut, as wenn he wuss, waar de Fehler seet. „Ik mööt noch even wat ut mien Auto holen. Denn köönt wi de redden. Daar hest noch lang Freud an", un ruut weer he. Teihn Minuten later seggt he: „So, mien Deern, nu kannst dien schidderg Plöötz weer inpacken. De löppt weer un wenn he weer Mätzchen maakt, meld di man weer. Dat is so en good Gerät. Dat bruukt noch lang nich up d´ Müll.

As eerst wull Lisa ehr Schülligkeit aver betohlen. „Geev mi man 30 €. Dat Deel köst nich veel, aver en beten mööt ik ok ja hebben. Finanzamt meld sik denn ok noch. Ik maak dat hauptsächlich ut Spaaß an´t Basteln. Un dat de düür Geräte nich glieks up Müll landt. Dat is en mojen Tiedverdrief för mi as Rentner."
Lisa drück hüm dat Geld in Hand un riekelk Drinkgeld. Se weer so blied. So en Minsch muss se sik marken.

He weer noch stolt up sien Handwark. Van wegen

Wegwerfgesellschaft. De goode Mann fummel allens weer torecht! So dee he ok noch wat för de Ümwelt.

Avends drepen Lisa un Rolf up Marlene un Uwe. „Denn wööt ik nu ok well ik in mien Höhnerstall nöög. Daar is nämlich al lang dat Lucht kaputt. Uwe hett daar ja kien Künn van!" stell Marlene fast. So funktioneert Mund-zu-Mund-Propaganda. So flink schull de stolte Handwarker woll nich arbeidslos werden.

Helma Gerjets

Die gebürtige Reepsholterin ist Mutter einer Tochter und wohnt in Hesel im Kreis Leer.
Schreiben ist neben dem Kochen ihr großes Hobby.
Hier liegt jetzt das 7. Buch vor.

Danke an Bernhard Bashagen und Familie Kuhlmann aus Reepsholt. Bei ihnen wurden alle Bilder dieses Buches fotografiert.

Henning H. Hinrichs hat nun das vierte Buch gesetzt und somit den Druck vorbereitet. Ebenfalls fotografierte er die Models dieses Buches.

Dank auch an ihn.